© Altberliner Verlag GmbH, Berlin · München 1994
Alle Rechte vorbehalten
Einband und Illustrationen: Manfred Bofinger
Gesamtherstellung: Gebrüder Garloff GmbH, Magdeburg
Printed in Germany 1994
ISBN 3-357-00952-8

»Es war einmal ein Hof«, so fängt die Geschichte an, weil sie endet wie im Märchen. Doch sie ist wirklich passiert, und zwar mitten in einer ganz normalen Stadt, dort, wo es kaum Garagen und kaum Aufzüge gibt – aber dafür Höfe. Und in so einem Hof spielt die Geschichte.

Dieser Hof ist ziemlich schattig, denn rundherum stehen hohe Hauswände. Aber sie sind mit Bäumen und mit Vögeln bemalt. Und ganz oben an jeder dieser Giebelwände prangt eine riesengroße gelbe Sonne. Ein bißchen Wiese gibt es in dem Hof, außerdem drei Bänke, ein Klettergerüst und sogar zwei große Palmen, die in Kübeln wachsen. Die besondere Attraktion ist ein kleiner bemooster Springbrunnen, der hin und wieder sogar funktioniert. Zwischen den Palmen und dem Springbrunnen aber steht ein alter Korbstuhl, und der gehört Frau Vitali.

Dort sitzt sie gewöhnlich, manchmal sogar im Winter mit einer Pudelmütze auf dem Kopf und Filzstiefeln an den Füßen. Denn sie gehört zum Hof, und der Hof gehört zu ihr.

Frau Vitali war früher mal beim Zirkus. Wie lange das her ist und was sie dort gemacht hat, weiß eigentlich keiner so genau. Aber ab und zu kommen Touristen auf den Hof, die wollen Frau Vitali fotografieren. Da bleibt sie still sitzen, so als hörte sie auf das Plätschern des Springbrunnens, auch dann, wenn er wieder mal nicht läuft. Frau Vitali ist ein bißchen zu sehr geschminkt, meinen die Nachbarn, zumindest für den Hinterhof. Doch für die Kinder ist Frau Vitali etwas ganz Besonderes; ein bißchen eigensinnig vielleicht, noch eigensinniger als ihre Katzen, um die Frau Vitali sich kümmert. Von Zeit zu Zeit versucht sie ihnen kleine Kunststücke beizubringen. Sie hält ein dünnes Stöckchen in ihren schmalen Händen und macht Bewegungen wie ein Dirigent vor seinem Orchester. Auf ihre Kommandos wechseln die Katzen ohne rechte Lust die Plätze, so lange, bis der Hund Paula auftaucht und die Katzen mit der ganzen Dressurkunst Frau Vitalis über die Wiese bellt.

Wenn Frau Vitali allein ist, blättert sie manchmal in einem dicken alten Buch. Auf dem Einband leuchten tausend helle Sterne, und ein bunter Clown lacht darauf übers ganze Gesicht. *Zirkus Konfetti* steht auf dem Einband. »Sicher hat sie das

selbst darauf geschrieben«, meinen die Kinder, die das ganze Jahr über im Hof spielen. Das sind viele, aber es gibt auch einen festen Kern.

Zum Beispiel Digi und Dagi, die Zwillinge. Eigentlich heißen sie Dagmar und Dagobert, aber so nennen sie nur ihre Eltern zu feierlichen Anlässen oder wenn es Zeugnisse gegeben hat.

Der größte und älteste des festen Kerns ist Udo. Er geht in die sechste Klasse und das schon zum zweiten Mal. Udo ist lang und dünn und seine Nase auch. Udo ist schwer in Ordnung, nur manchmal etwas langsam.

Rüdiger geht auch in die sechste Klasse, allerdings das erste Mal. Wo Rüdiger auftaucht, ist auch der kleine dicke Volker nicht weit. Der hängt sehr an Rüdiger, und Rüdiger hat auch viel Geduld mit ihm – meistens jedenfalls.

»Volker hat Glück«, sagt Dagi immer, »weil er gleich zwei große Brüder hat.« Der andere Bruder heißt Kurt. Er ist sehr praktisch veranlagt. Was der kleine Volker kaputt macht, macht Kurt wieder heil.

Und dann ist da noch Linde-Marie. Sie kann sehr gut rechnen, und oft kauft sie ein für Frau Vitali, die nicht mehr so gut laufen kann. Da stimmt das Wechselgeld immer. Und Linde-Marie kann ganz prima turnen, und das ist für die Geschichte sehr wichtig.

Sabine mögen alle. Sie ist hilfsbereit und gutmütig, und am liebsten bäckt sie Kuchen. Sie ist auch ein bißchen pummelig. Sie trägt gern enge Hosen, kurze Röckchen und stramm sitzende Pullis, und sie mag sich so wie sie ist, und das ist doch die Hauptsache.

Die Kinder vom *festen Kern* wünschten sich nichts mehr, als in Frau Vitalis geheimnisvolles Zirkusbuch hineinzuschauen, aber sie gab es lange Zeit nicht aus der Hand. »Das wäre so«, sagte sie einmal, »als würde ich mein Leben aus der Hand geben.« Das konnten die Kinder natürlich nicht von ihr verlangen, und so blieb ihnen nur ein sehnsüchtiger Blick auf den Clown und die Sterne.

Doch Frau Vitali mag die Kinder und die Kinder mögen sie. Denn sie hört ihnen zu, sie erzieht sie nicht, sie dressiert sie

nicht wie ihre Katzen, und sie erzählt ihnen Geschichten – Geschichten von feuerspeienden Muskelprotzen, füßestolpernden Clowns und fauchenden Tigern.

An einem Sommertag, es war noch recht früh am Morgen, saß nun Frau Vitali frisch gepudert und mit knallroten Lippen in ihrem Korbsessel. Nach und nach kamen die Kinder und setzten sich um sie herum. Kurt hatte einen großen Schuhkarton mitgebracht. Darin lag ein Mixer in Einzelteilen. Den hatte diesmal Rüdiger auf dem Gewissen. Er will nämlich einmal Forscher werden.

»Der wird wieder«, sagte Kurt zuversichtlich, und schon begann er Schrauben und Metallteile zu sortieren.

»Los, fang an«, krähte der kleine Volker, denn Frau Vitali hatte ihnen die Geschichte vom Clown Harald versprochen.

Frau Vitali strich ein wenig geistesabwesend mit den Fingerspitzen über den glitzernden Einband des Buches *Zirkus Konfetti*, das sie wie so oft auf ihrem Schoß liegen hatte.

»Lesen Sie uns heute aus Ihrem Buch vor?« fragte Linde-Marie und versuchte ihr über die Schulter zu sehen.

»Nein«, sagte Frau Vitali und klappte das Buch zu. »Zirkusgeschichten muß man erzählen, nicht lesen. Aber das Buch hilft mir beim Erinnern.« Und Frau Vitali begann zu erzählen:

»Harald war der beste Zirkusclown, den ich kannte. Er konnte die Leute zum Lachen bringen, daß ihnen die Tränen aus den Augen rannen und sie dann abends vom vielen Lachen Muskelkater im Bauch hatten. – Einmal, da hatte er sich für eine Vorstellung eine neue Nummer ausgedacht, die nannte er *Den Kampf mit dem Koffer*. Immer wenn er versuchte, ihn zu greifen, wurde der Koffer an einem Seil in die Höhe gezogen, und als er dann schon aufgeben wollte, da fiel der Koffer von oben auf seinen Kopf. Natürlich sprang er auf, und der ganze Inhalt purzelte kreuz und quer in die Manege.

Harald verdrehte seine Augen und stopfte all die Bälle und Stoffblumen, die jungen Enten und Gummifrösche, die Kochtöpfe und all den anderen Plunder in den Koffer. Doch jedes Mal, wenn er schon glaubte, es endlich geschafft zu haben, sprang der Koffer wieder auf, und alles ging von vorne los. Die Zuschauer kringelten sich vor Lachen, und Harald war glücklich, und am glücklichsten war er über das Lachen der Kinder. Plötzlich zupfte ihn jemand am Ärmel. Ein kleiner Junge stand vor ihm, dem kullerten Tränen aus den Augen, aber das waren keine Lachtränen, das sah Harald genau. ›Soll ich Ihnen helfen?‹ fragte der kleine Kerl und fing an, den Koffer einzuräumen. ›Wissen Sie‹, er schniefte durch die Nase, ›ich weiß, wie das ist. Mir geht auch immer alles schief. Und am schlimmsten ist es dann, wenn man auch noch ausgelacht wird. Und dazu noch von so vielen Leuten. Sie tun mir ja so leid.‹

Das Lachen hatte merklich nachgelassen. Eigentlich ist das sehr schlimm für einen Clown, doch Harald stieg an diesem Abend sehr glücklich in sein Bett.«

»Wißt ihr«, sagte Frau Vitali und holte ihr Taschentuch aus ihrem gehäkelten Beutel, »Harald, der sein ganzes Leben alles daran gesetzt hatte, die Menschen zum Lachen zu bringen, spürte auf einmal, daß es genauso wichtig ist, weinen zu können.«

Die Kinder waren ganz still geworden. Nur Udo schneuzte sich geräuschvoll.

In diesem Augenblick ertönte ohrenbetäubend laut eine Fahrradklingel, und Frau Pieper, die Postbotin, kreuzte mit ihrem gelben Postfahrrad im Hof auf.

»Post für Frau Vitali! Post für Frau Vitali!« rief sie aufgeregt. Frau Vitali winkte ab. Sie wollte nichts kaufen, nicht verreisen und auch kein Sportcabrio mehr gewinnen. Sie kannte solche Briefe.

»Ist doch eh alles Schnullifix«, sagte sie.

Frau Pieper wurde ungeduldig: »Na, gucken Sie doch erst mal genau hin.« Sie gab ihr einen Umschlag mit blau-rotem Rand. Die Kinder platzten vor Neugier, und sogar der Hund Paula spitzte die Ohren.

»Na, so was«, hauchte Frau Vitali und starrte entgeistert auf das Kuvert. Sie stand auf, wortlos klemmte sie ihr Buch unter den Arm und humpelte zum Haus. »Krach!« und die Tür fiel ins Schloß. Frau Pieper schüttelte den Kopf, schwang sich auf ihr Fahrrad und fuhr davon. Dann war Stille im Hof.

»Was machen wir nun?« fragte Sabine. Kurt nutzte die Gelegenheit, sich wieder seinem Mixer zuzuwenden.

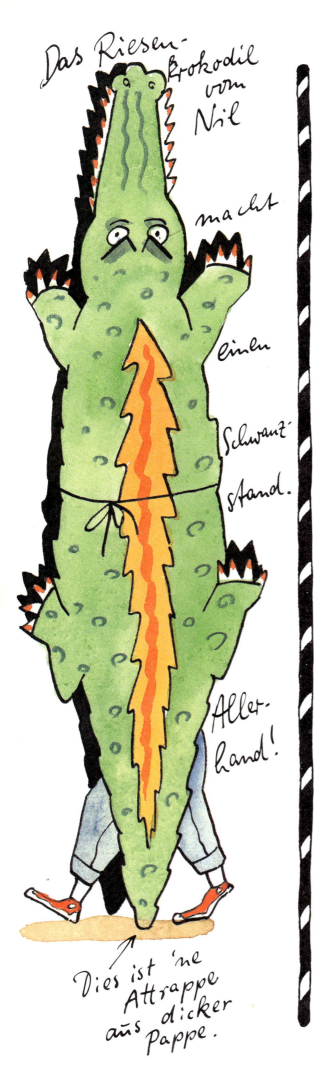

»Vielleicht ist jemand gestorben«, sagte Linde-Marie

»Oder es ist etwas mit ihrem Holzbein?« erwog Rüdiger.

»Sie hat kein Holzbein, das würde man unter ihren engen Hosen sehen«, protestierte Dagi.

»Ein Holzbein knarrt«, fiel Udo ein, »und knarrt Frau Vitali etwa?«

»Dann hat sie doch ein Sportcabrio gewonnen«, mischte sich da Kurt ein, und Sabine meinte: »Vielleicht ist es ein Heiratsantrag?«

»Aber sie bekommt doch niemals Besuch.« Das war Linde-Marie.

Da brüllte der kleine Volker, der doch noch kein *t* sagen konnte, in die allgemeine Ratlosigkeit: »Frau Vikali! Frau Vikali! Komm raus!«

Die Tür blieb verschlossen, doch Frau Vitali zeigte sich am Fenster. Aber wie sah sie nur aus! – Die Wimperntusche war zerlaufen, der Lippenstift verschmiert.

»Haben Sie einen Trauerfall zu beklagen?« Rüdiger drückt sich in kniffligen Situationen oft etwas förmlich aus.

»Ach, Kinder, Kinderchen, wer soll denn schon tot sein!« Frau Vitali schüttelte den Kopf. – »Mein Zirkus kommt! Nach so vielen Jahren, und ich bin eingeladen und sitze in Loge eins. Morgen wollen sie mich abholen mit dem Auto. Morgen! Morgen schon! Daß die noch an die alte Vitali denken! Ach, Kinder, Kinderchen!«

Ganz außer Frage: Frau Vitali war außer sich. Und an diesem Tag erschien sie nicht mehr auf dem Hof.

Als Linde-Marie aber am nächsten Morgen aus dem Klofenster auf den Hof schaute, bot sich ihr ein höchst merkwürdiger Anblick. Frau Vitali saß auf ihrem Sessel. Das war ja immer so, aber an diesem Tag berührten ihre Pobacken kaum die Sesselkante. An den Füßen trug sie zierliche rote Stiefelchen und darüber ziemlich viel schwarze Spitze – sogar an den Händen. Zu allem Überfluß wippte auf den spärlichen grauen Locken ein Hütchen, von dem ein winziger Schleier über ihre Augen fiel. Ihre Hände krampften sich um den Briefumschlag mit blaurotem Rand und ein schwarzes Lacktäschchen. Selbstverständlich lag das Buch vom *Zirkus Konfetti* in Reichweite.

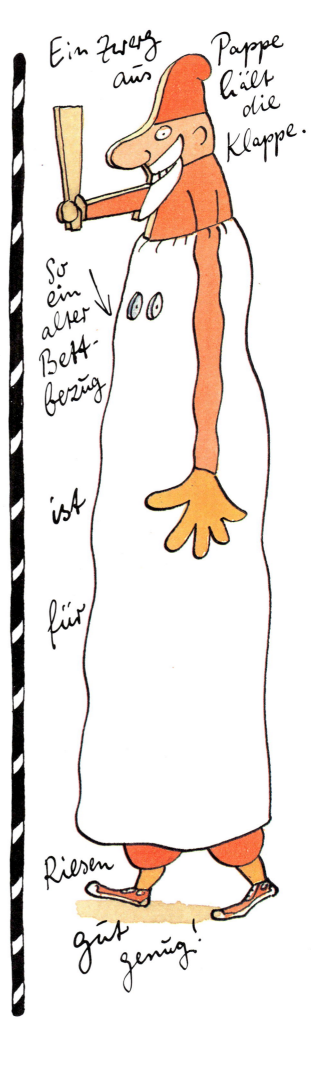

Ein Zwerg aus Pappe hält die Klappe. So ein alter Bettbezug ist für Riesen gut genug!

Volker als Clown und...

Am Nachmittag saß Frau Vitali immer noch mit den Pobacken ganz vorn auf ihrem Sessel, am Abend auch noch – am nächsten Morgen nicht mehr. Die Kinder bekamen sie auch den ganzen Tag nicht zu Gesicht, obwohl der kleine Volker sich die Seele aus dem Hals krähte.

Nur das Buch *Zirkus Konfetti* lag auf ihrem Korbsessel. Die Kinder beäugten es mißtrauisch, aber noch nicht einmal die resolute und neugierige Sabine traute sich, es in die Hand zu nehmen.

»Sie hat es einfach vergessen«, stellte Linde-Marie fest.

»Vielleicht will sie es nicht mehr haben«, meinte Udo, »vergessen würde sie das nie.« Alle guckten Udo verblüfft an.

Da kam Frau Pieper auf ihrem Fahrrad und schwenkte ein Telegramm. »Für Frau Vitali«, sagte sie ein bißchen besorgt, weil sie sie nicht erblicken konnte.

»Ich geb es ihr«, sagte Sabine, und Frau Pieper fuhr wieder davon. Aber alles Rufen und Klopfen war vergeblich, Frau Vitali rührte sich nicht.

»Mach's auf«, sagte Udo und zeigte auf das Telegramm. »Vielleicht ist es wichtig.«

»Aber das Postgeheimnis...«, flüsterte Dagi ganz erschrocken. »Quatsch«, sagte Rüdiger, »hier kann es um Leben und Tod gehen!« Alle guckten ein wenig entsetzt.

Sabine riß den Umschlag auf: »Gastspiel auf unbestimmte Zeit verschoben. Direktor Konfetti.«

»Ist das alles?« fragte Udo.

»Ich finde, es ist genug«, sagte Linde-Marie.

»Manche Leute können vor Enttäuschung krank werden und sterben«, wußte Sabine.

»Sag ich doch, es geht um Leben und Tod«, meinte Rüdiger, »und deshalb müssen wir etwas unternehmen!«

»Und was?« fragte Udo.

»Wir machen selber Zirkus für Frau Vitali«, das war Kurt.

Im ersten Moment waren alle sprachlos, aber dann redeten sie durcheinander – und der kleine Volker am lautesten. Er rief immerzu: »Ich will ein Clown sein! Ich will ein Clown sein!«

Von nun an hatten die Kinder viel zu tun. Nicht nur, daß sie die Katzen füttern mußten. Nein, sie stellten auch Frau Vitali

Milch und frische Brötchen vor die Tür, und Sabine backte ihr einen Kuchen. Und da alles immer nach kurzer Zeit von der Türschwelle verschwunden war, waren sie auch einigermaßen beruhigt, zumal sie bei dem, was sie vorhatten, Frau Vitali auch gar nicht brauchen konnten. Schließlich wollten sie sie doch überraschen.

»Unser Zirkus braucht zuallererst einen Namen«, meinte Dagi. »Zirkus Konfetti natürlich«, sagte Sabine.

»Den gibt es doch schon. Da kriegen wir Ärger«, widersprach Rüdiger.

Alle blickten ein bißchen ratlos.

»Ich hab's«, hörte man Udo. »Wir nennen uns einfach Zirkus Konfetti II.« Und weil jeder einsehen muß, daß ein König Schnurrbart I. ein anderer ist als ein König Schnurrbart II., waren sie von dem Vorschlag begeistert.

...Volker als Der stramme Max

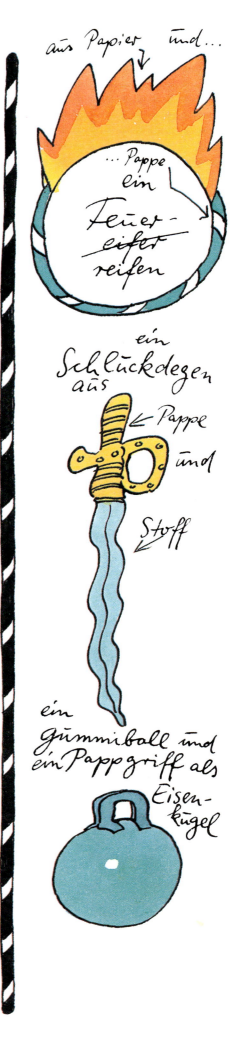

aus Papier und... Pappe ein Feuereiferreifen

ein Schluckdegen aus Pappe und Stoff

ein Gummiball und ein Pappgriff als Eisenkugel

»Gut«, sagte Rüdiger feierlich, »hiermit gilt der Zirkus Konfetti II als gegründet. Und jetzt stellen wir ein Zirkusprogramm auf.«

Da waren alle ganz eifrig bei der Sache. Zuerst brauchten sie einen Zirkusdirektor oder vielleicht auch gleich zwei. Sie sollten durch das Programm führen. Fast noch wichtiger aber waren die Clowns – am besten auch gleich zwei. Und was ist ein Zirkus ohne einen Zauberer? Eine Zaubernummer wurde selbstverständlich auch in das Programm aufgenommen. Und es mußte Artisten geben, Jongleure und eine Seiltänzerin.

»Und Löwen!« schrie der kleine Volker, und weil er doch noch Schwierigkeiten mit dem *t* hat: »Löwen und Kiger!«

»Und wo willst du die herkriegen?« Udo nahm stets ernst, was der kleine Volker sagte.

»Wir nehmen dafür die Katzen.« Linde-Marie schaute erwartungsvoll in die Runde.

Doch damit war Rüdiger gar nicht einverstanden: »Willst du Frau Vitali vor allen Leuten blamieren? Die Viecher hören nicht mal auf sie, geschweige denn auf uns!« Aber woher sollten sie dann Löwen und Tiger bekommen?

»Die Raubtiere spielen wir selber. Die Kostüme mache ich.« Kurt sagte entscheidende Dinge immer mit größter Selbstverständlichkeit.

»Aber Paula, der Hund Paula muß auch mitmachen!« rief Linde-Marie, und keiner widersprach.

Nun würde es Jongleure, Clowns, Tänzerinnen und sogar Raubtiere in ihrem Zirkus geben. Doch was die zu tun hatten, wußte eigentlich keiner so ganz genau.

»Hier steht alles drin!« Udo zog das Buch *Zirkus Konfetti* unter seinem Hemd hervor. »Hier steht drin, wie man Zirkus macht. Frau Vitali hat alles aufgeschrieben, und ich hab's gelesen.«

Die Kinder wußten nicht, worüber sie mehr staunen sollten, daß Udo das Buch an sich genommen hatte, oder daß er es gelesen hatte. Denn Udo nahm nur sehr widerwillig ein Buch in die Hand. Leicht errötend sagte er: »Sollte ich es vielleicht da liegenlassen? Dann hätten es die Touristen gefunden!« Das war allerdings richtig. Udos Finger glitten noch einmal, fast so zärtlich wie die von Frau Vitali, über den Einband, und er überreichte das Buch feierlich Rüdiger.

Am nächsten Morgen stand Rüdiger gestikulierend auf einem Stuhl. Er mußte die Übersicht behalten. Er war zum Leiter der Truppe gewählt worden und nahm seine Aufgabe sehr ernst.

»Kurt ist für die gesamte Ausstattung und Technik verantwortlich. Unser Vater unterstützt ihn, aber alleine schaffen sie das trotzdem nicht, helfen müssen wir alle.«

»Sabine und Dagi bauen die Seiltanznummer auf.« Sabine strahlte und übersah, daß die anderen etwas skeptisch auf ihre pummeligen Beine blickten.

»Udo hat sich schon am meisten mit dem Buch beschäftigt, er macht den Zauberer. Du mußt dir noch einen Assistenten suchen.« Udo zeigte auf den kleinen Volker.

»Aber ich will doch der Clown sein! Der Clown! Der Clown!« brüllte Volker los.

»In unserem Zirkus haben alle mehrere Aufgaben«, wies ihn Rüdiger ein bißchen ungeduldig zurecht.

»Verantwortlich für die Akrobatiknummer ist Linde-Marie, aber mitturnen werden wir alle und dann – Linde-Marie überleg dir, was der Hund Paula vorführen könnte.«

Digi und Dagi meldeten sich als Jongleure, und Rüdiger selbst übernahm noch die Zusammenstellung der Raubtiernummer.

»Ich will der Clown sein«, krähte Volker.

»Bist du ja auch«, versprach Rüdiger. Es war ihm gerade noch eingefallen, daß der Leiter einer Zirkustruppe auch Geduld haben muß. »Du und ich«, sagte er zu Volker, »wir sind die Clowns, wir müssen aber auch zusammen die Zirkusdirektoren sein.« Und der kleine Volker war zufrieden.

In einer Woche sollte die Zirkusvorstellung stattfinden. Hier auf dem Hof, abends um sieben.

Und bis dahin blieb der Hof verwaist. Lediglich Kurt sah man hin und wieder mit einem Zollstock durch die Gegend schleichen. Aus dem Keller hörte man Hämmern, und aus dem Fenster der oberen Etage klang ständig das Summen der elektrischen Nähmaschine.

Die Kinder hatten sich zum Einstudieren ihrer Nummern auf einen anderen Hof zurückgezogen – wegen der Geheimhaltung.

Am Morgen des fünften Tages lag neben der Milch und den frischen Brötchen eine riesengroße prächtige Eintrittskarte für den *Zirkus Konfetti* vor Frau Vitalis Wohnungstür.

Freikarte stand darauf und *Loge I* und *Kommen unbedingt erforderlich*.

Am Abend erstrahlte der Hof in zauberhaftem Glanz. Die Kinder hatten wahrhaftig ein Wunder vollbracht – es war fast wie im Märchen. Luftballone hingen aus allen Fenstern, und außerdem waren von Fenster zu Fenster Lichterketten gespannt. Beim genauen Hinschauen erkannte man die elektrischen Weihnachtsbaumbeleuchtungen der Mieter.

Im Becken des kleinen Springbrunnens schwammen Teelichter, und in der Mitte des Hofes umrandeten bunte Pappkartons einen Kreis – das war die Manege. Das alte Klettergerüst war der Eingang zu dieser Manege und hatte einen buntgestreiften Vorhang. In der Manege lagen sogar Sägespäne.

Für die Zuschauer – Kurt hatte überall in der Straße bunte Plakate angeklebt – hatten sie Campingstühle, Bänke, Hocker und sogar ein altes Sofa aufgestellt. Und dann stand dort der Korbsessel von Frau Vitali.

Um ihn herum war ein rotes Band gespannt. Daran hing ein Schild mit der Aufschrift: *Loge I.*

Pünktlich um neunzehn Uhr, als die Zuschauer bereits erwartungsfroh auf ihren Plätzen saßen, schaltete Kurt den Kassettenrecorder an, und echte Tschindarassa-Zirkusmusik ertönte aus dem Lautsprecher. Das war aber auch alles. Die Manege blieb leer.

Rüdiger, der halb wie ein Zirkusdirektor und halb wie ein Clown aussah, starrte gemeinsam mit Sabine durch einen Vorhangschlitz am Klettergerüst. »Sie ist nicht da!« sagte er. »Alles umsonst«, schniefte Sabine.

Aber in dem Augenblick öffnete sich die Tür des Hinterhauses, und heraus trat, nein, schritt Frau Vitali in Spitze und roten Stiefeln. Auch den kleinen Hut hatte sie nicht vergessen. Würdevoll setzte sie sich in *Loge I,* und die Vorstellung begann.

Der Vorhang am Klettergerüst öffnete sich, hervor kamen die Zirkusdirektoren Rüdiger und der kleine Volker. Sie waren ganz in Schwarz gekleidet und trugen schwarze Pappzylinder.

»Herzlich willkommen im Zirkus Konfetti II, mein sehr verehrtes Publikum!« Man merkte Rüdiger die Aufregung schon ein wenig an.

Der kleine Volker schien die Sache unbeschwerter anzugehen. »Und nun, mein liebes sehr verkehrtes Publikum«, begrüßte er die Zuschauer und konnte zum ersten Mal in seinem Leben ein *t* sagen. »Sie sehen die erste Zirkusnummer: unsere wunderschönen Seilkänzerinnen!«

Der Vorhang öffnete sich, aber nicht die wunderschönen Seiltänzerinnen erschienen, sondern der Hund Paula. Auf seinem Rücken war ein Schild mit der Nummer 1 gebunden. Er rannte hechelnd drei Runden um die Manege. Aber wie sah Paula aus? Frau Vitali saß mit vor Staunen offenem Mund in Loge I. Die struppige Paula hatte Löckchen. Linde-Maries Mutter, die in der dritten Reihe saß, ging ein Licht auf: Seit zwei Tagen vermißte sie ihre Lockenwickler. Paulas Schwanz leuchtete in hellem Grün, so grün wie das Farbspray von Linde-Maries Schwester. Auf dem Kopf trug Paula ein sehr albernes

Hütchen, das merkwürdigerweise nicht herunterfiel. Linde-Maries Vater erinnerte sich daran, am Vorabend seinen Alleskleber vergebens gesucht zu haben. Aber Paula trug ihre Aufmachung mit Würde.

Nun kamen die Seiltänzerinnen: Sabine und Dagi. Gemeinsam mit ihnen stolperten Rüdiger und Volker in die Manege, nun als Clowns. Sie hatten sich über ihre schwarzen Anzüge weite gestreifte Schlafanzughosen gezogen und runde dicke Pappnasen aufgesetzt

Umständlich stellten sie zwei Stühle in die Manege, zwischen denen ein Gummiseil gespannt war. Dann verschwanden sie wieder.

Eine tolle Lösung für Seiltänzerinnen, die noch nie in ihrem Leben auf einem Seil getanzt hatten. Sie balancierten vorwärts und rückwärts, ganz vorsichtig. Sie hatten kleine Papierschirmchen in der Hand. Dagi trippelte weiter bis zur Mitte des Seils, legte sich dann auf den Rücken und stemmte sich hoch zur Brücke. Zum Schluß machte Sabine einen Spagat auf dem Seil. Das Publikum applaudierte begeistert, und auch die Akteure hinter dem Vorhang klatschten für Sabine und Dagi. Keiner hatte der pummeligen Sabine soviel Gelenkigkeit zugetraut.

Nun kamen die Jongleure in die Manege. Die Bälle und Tücher wirbelten nur so durch die Luft; selbst beim Zuschauen kam man ganz außer Atem. Die Nummer wurde ein großer Erfolg.

Zwischen den einzelnen Darbietungen erschienen immer wieder Rüdiger und der kleine Volker, entweder als Clowns oder als Zirkusdirektoren, und unterhielten das Publikum mit Späßen oder auch mit Erklärungen zur Zirkusvorstellung – und natürlich der Hund Paula, der mit seinem Nummernschild auf dem Rücken hin und wieder nur mit sanfter Gewalt aus der Manege entfernt werden konnte. Paula wollte wohl so lange wie möglich den Beifall des hochverehrten Publikums genießen.

Hinter dem Vorhang aber standen die Akteure: entweder außer Atem und glücklich, weil sie gerade mit Erfolg aufgetreten waren, oder atemlos vor Aufregung, weil sie ihre Nummer noch vor sich hatten.

Rüdiger und der kleine Volker wechselten ständig das Kostüm,

aber einmal kam es dann doch vor, daß der kleinere der Zirkusdirektoren mit einer roten Pappnase in der Manege stand. Aber das war nicht schlimm, sondern nur lustig.

Auch die Raubtiernummer erntete viel Applaus. Die Kinder hatten sich als Löwen und Tiger *verkleidet*, sich Schnurrbarthaare angemalt und Stoffschwänze angesteckt. Sie ahmten perfekt die geschmeidigen Bewegungen der Raubkatzen nach. Sie sprangen durch Reifen, hopsten auf Podeste und machten Bocksprünge. Und danach hatten die Clowns ihre große Stunde.

Das Publikum jubelte, und Frau Vitali trampelte vor Begeisterung mit dem gesunden Bein. Linde-Marie und die anderen Akrobaten machten ihre Sache glänzend. Nach der Bodenakrobatik-Nummer bauten sie lebende Figuren, und Rüdiger, nun wieder als Zirkusdirektor, wies die Zuschauer auf die einzelnen Gebilde hin.

Der krönende Abschluß war die Menschenpyramide, etwas kipplig zwar, aber sie stand. Und es stand nun auch Frau Vitali, die es nicht mehr auf ihrem Sessel hielt – so klatschte sie. Immer wieder rief sie »Bravo!!«

Nun aber kündigte der kleine Zirkusdirektor Volker die Sensation des Abends an: den großen Zauberer und Magier Udololo. Auf den Zuschauerbänken herrschte vollkommene Stille, als Udo in seinem schwarzen Umhang die Manege betrat. Das Gesicht hatte er sich weiß geschminkt, die Lippen dunkelrot. Er sah schon ein bißchen gespenstisch aus. Dem Magier Udololo gelang es mit Hilfe seines Assistenten, vor dem verblüfften Publikum mit einer langen Nadel in einen aufgeblasenen Luftballon zu stechen, ohne daß er platzte, und einen grünen Luftballon unter einem Tuch in einen roten zu verwandeln, aus dem die Konfetti spritzten. Zuletzt betätigte sich Udololo als Feuerschlucker und aß eine brennende Kerze mit Stumpf und Stiel auf. Das war sensationell. Nicht nur das Publikum, nein, auch hinter dem Vorhang war man sprachlos. Dann toste der Beifall, dem Udololo mit einer ausholenden Geste rasch ein Ende setzte.

Rüdiger erschien im Rondell: »Meine sehr verehrten Damen und Herren. Ich bitte Sie nun um absolute Ruhe für die letzte Darbietung unseres Meisters. Es folgt nunmehr die *Schwebende Jungfrau.*«

Dagi und Kurt trugen eine große stabile Kiste in die Manege. Dann trat auch Linde-Marie auf und setzte sich in die Kiste. Udo breitete eine Decke über ihr aus, so daß nur noch ihr Kopf zu sehen war. Auf der anderen Seite der Kiste half der Assistent ihr, die Füße auf den Kistenrand zu legen. Nun begann der Zauberer Udololo beschwörende Zauberformeln zu murmeln, und dann, ein Raunen ging durch das Publikum, schwebte die Jungfrau tatsächlich mit ausgestreckten Beinen ganz deutlich über dem Kistenrand. Die Zuschauer waren fassungslos, nur der Meister Udololo lächelte wissend vor sich hin. Aber dann toste der Beifall im Zirkushof, und der wollte kein Ende nehmen.

Da erschallte wieder lustige Zirkusmusik. Der Vorhang öffnete sich und alle Artisten hopsten und tanzten in die Manege – das große Finale hatte begonnen. Die Zuschauer jubelten und klatschten. Die Künstler verbeugten sich nach allen Seiten, machten Knickse und Diener und warfen Kußhände in das Publikum. Dann jedoch, auf ein Zeichen von Rüdiger, drehten sich alle mit dem Gesicht zu *Loge I*. Nun klatschten auch die Artisten – und sie klatschten für Frau Vitali.

Die saß in ihrem Sessel, Wimperntusche und Lippenstift waren mal wieder verwischt. »Kinder, ach, Kinderchen«, sagte sie immer wieder, »das war die schönste Zirkusvorstellung der Welt!« Und an diesem Abend wurde in dem Hof noch lange gefeiert. – Es war ein wunderschönes Fest.

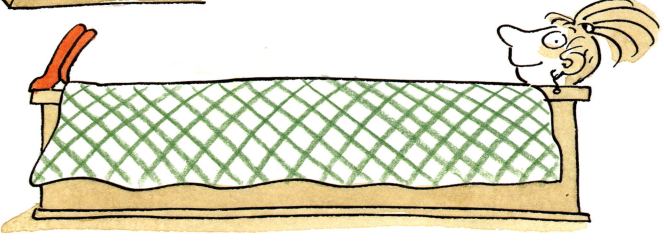

Als Frau Vitali am nächsten Morgen den Hof betrat, lag auf ihrem Sessel das Buch *Zirkus Konfetti*. Sie setzte sich, nahm es behutsam in die Hände und streichelte es ein bißchen. Später, als die Kinder sich zu ihr gesellten, gab sie Udo das Buch und sagte: »Ihr könnt es noch ein wenig behalten.«

Aus dem Buch

Aus dem Buch

ZIRKUS KONFETTI

EINIGE AUSGEWÄHLTE SEITEN:

Wo kann man Zirkus machen?

Eigentlich überall, wo ein bißchen Platz ist: auf dem Hof, im Garten, auf dem Spielplatz, am Strand, natürlich auch in einem etwas größeren Zimmer.

Wichtig: Für einige Übungen benötigt man weiche Bodenmatten oder dicke Wolldecken. Zu vielen Nummern braucht man Musikuntermalung, vor allem bei den Raubtieren, Seitänzerinnen und Akrobaten.

Ganz wichtig: Die einzelnen Zirkusnummern werden selbstverständlich immer vom Zirkusdirektor (oder den Direktoren) angekündigt, der elegant, nach Möglichkeit in schwarzem Frack und Zylinder auftritt. (Ein schwarzer Pullover tut's auch.)

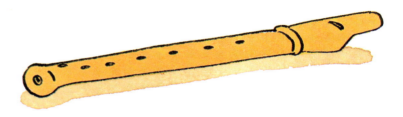

Tanz auf dem Seil

Man braucht dazu:

    2 Stühle
    1 langes dickes Gummiband
    Kreppapier für das Röckchen
    1 Papierschirmchen zum Halten der Balance
    und natürlich ein bißchen Mut

Und so wird's gemacht:

Stelle die beiden Stühle etwa 4 Meter voneinander entfernt auf den Boden. Spanne zwischen beide Stühle das Gummiband (nicht zu straff). Steige von einem Stuhl aus auf das Gummiband. Es wird sich beim ersten Schritt auf den Boden hinabspannen. Nun kannst du balancieren, und deiner Artistenphantasie sind keine Grenzen gesetzt.

Spannend und überzeugend wird die Nummer, wenn du in der rechten Hand ein Papierschirmchen hältst und hin und wieder so tust, als würdest du beinahe vom Seil fallen.

Jongleure mit Bällen

Man braucht dazu:

> 3 verschiedenfarbige Bälle
> (ungefähr so groß wie Tennisbälle)
> etwas Geduld

Und so wird's gemacht:

Zuerst brauchst du nur einen einzigen Ball. Diesen (roten) Ball wirfst du jetzt von der rechten in die linke Hand und wieder zurück. Immer schön im Bogen, so daß er in Höhe deiner Augen vorbeifliegt.

Dann versuchst du es mit zwei Bällen. In jede Hand nimmst du einen. Die Bälle werden nacheinander hochgeworfen und auch nacheinander aufgefangen. Wenn der erste (rote) Ball seinen höchsten Punkt – in Höhe deiner Augen – erreicht hat, wirfst du den zweiten (blauen) Ball. Werfen, werfen – fangen, fangen!

Nicht ungeduldig werden, wenn's anfangs nicht gleich klappen sollte.

Für Fortgeschrittene: **Jonglieren mit drei Bällen**

In der rechten Hand hältst du den blauen und den roten Ball, in der linken den gelben. Zuerst wirfst du den blauen Ball von rechts, dann den gelben von links, dann den roten wieder von rechts.

Es ist ziemlich schwierig, darum nicht gleich aufgeben, sondern immer wieder üben!

Du kannst aber auch mit Tüchern jonglieren. Das geht genauso wie mit den Bällen, nur etwas einfacher, weil die Tücher nicht so schnell fliegen.

Jonglieren mit Tellern

Man braucht dazu:

1 dünnen Stab (etwa 50 cm lang)
1 (möglichst unzerbrechlichen) Teller –
sonst mehrere Teller. Es gibt auch spezielle
Jonglier-Teller zu kaufen.

Und so wird's gemacht:

Den Stab schön gerade in der Hand halten, dann legst du den Teller auf die Stabspitze. Du hältst den Tellerrand zwischen Daumen und Fingerspitzen. Dann den Teller andrehen.

Wenn sich der Teller allerdings schneller drehen soll, wird die Sache schon schwieriger:

Du hängst den Teller mit der Kante an die Stabspitze. Den Stab hältst du schön gerade nach oben. Jetzt dreh dein Handgelenk. Sobald der Teller in Bewegung ist, halte dein Handgelenk plötzlich still. Der Teller müßte dann eigentlich zur Mitte springen und sich von alleine drehen. Auch hier gilt: Geduld, Geduld, Geduld und üben, üben, üben!

Akrobatiknummer

Man braucht dazu:

9 Kinder mit Gymnastikanzügen,
weiche Bodenmatten oder Decken

Und so wird's gemacht:

Ein Teil der Artisten steht auf der linken, der andere Teil auf der rechten Seite der Manege. Jetzt macht die linke und die rechte Seite im Wechsel je zwei Rollen vorwärts durch die Manege (diagonal). Auch Rolle rückwärts macht sich gut. Radschlagen wäre ganz toll! (Darauf achten, daß alles flott hintereinandergeturnt wird; das wirkt ungeheuer.) Man kann auch Figuren bilden. Sie haben Namen wie: Aussichtsturm, Freiheitsstatue, Krebs, Bigmac, Doppeldecker und Bequemer Sessel.

Krönender Abschluß könnte die Pyramide sein. Die vier Größten und Kräftigsten bilden die untere Reihe. Sie knien auf allen vieren, dicht nebeneinander, wobei sie ihre Rücken möglichst gerade lassen müssen. Darauf steigen dann behutsam die nächsten drei, und in die dritte Reihe klettern vorsichtig die beiden Kleinsten. Sie richten ihre Oberkörper auf und strecken die Arme weit aus.

Die Raubtiernummer

Man braucht dazu:

a) Für die Raubtiere

Möglichst Kleidung in den Farben
gelb, orange oder hellbraun
Schminke für die Gesichter oder Pappkartons,
die man sich über den Kopf stülpen kann.
Das werden die Raubtierköpfe.

In die Kartons schneidet ihr Löcher für die Augen, dann bemalt ihr den Karton so, wie ihr euch ein Tiger- oder Löwengesicht vorstellt. Wenn ihr wollt, könnt ihr auch noch Wollreste als Mähne draufkleben.
  Und natürlich den Schwanz nicht vergessen!
  Gut eignet sich ein ausgefranstes Stück Wäscheleine oder ein anderes Seil. Mit einer Sicherheitsnadel an der Hose feststecken!

b) für den Dompteur

1 Pappzylinder
1 Paar Gummistiefel (oder hohe Winterstiefel)
1 glitzernde Weste oder Jacke
(vielleicht aus Mamas Kleiderschrank)
1 Stöckchen (mit dem wird aber nur mal
ein bißchen gedroht, niemals gehauen !)
1 Reifen, der mit gelbem oder rotem Kreppapier
umwickelt wird = Feuerreifen
4 Fußbänke

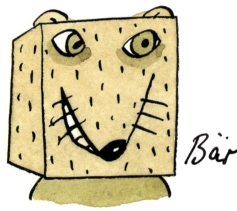

Und so wird's gemacht:

In der Manege stehen bereits die vier Fußbänke. (Ihr könnt auch Hocker, beklebte Kisten oder Stühle nehmen.) – Das sind die Podeste für die Raubtiere. Nun betritt der Dompteur mit seinen Tieren die Manege, jedes Tier hockt sich auf sein Podest. Nun beginnt die eigentliche Dressur.
  Der Dompteur läßt seine Raubkatzen durch den »Feuerreifen« springen. Sie knien auf allen vieren dicht nebeneinander, so daß sich der Dompteur auf ihre Rücken legen kann, und sie können eine Pyramide bauen. – Dabei knien immer zwei Tiere nebeneinander, und ein drittes steigt auf ihre Rücken und macht »Männchen«. Am Schluß der Nummer verlassen sie die Manege hintereinander. Das erste »Tier« bleibt auf allen vieren, und die anderen legen ihre Vorderpranken auf den Rücken ihres Vorgängers.
  Wichtig: Wenn die Tiere eine Übung abgeschlossen haben, müssen sie von dem Dompteur stets gelobt (streicheln) und belohnt (Gummibärchen) werden.

Achtung !! Achtung !! STRENG GEHEIM !!!

Drei nur in allerhöchsten Magierkreisen bekannte Zaubertricks

Du brauchst dazu:

    1 roten Luftballon
    1 grünen Luftballon
    1 Bleistift
    Konfetti
    Tesafilm
    1 lange dünne Nadel
    1 große stabile Kiste (so groß wie die für die Jungfrau)
    2 lange Stäbe (etwa 1 m lang)
    1 Paar Schuhe (solche, die auch die Jungfrau trägt)
    1 Decke
    TAMÜ = Taschenmüll (findet sich in jeder
    Hosentasche in Form von Staub, Krümeln, usw.,
    bestens zum Zaubern geeignet)

Und so wird's gemacht:

Zaubertrick Nr. 1:

Wie ein grüner Max in einen roten verwandelt wird

Du füllst in einen roten Luftballon ein wenig Konfetti. Dann stopfst du den gefüllten Ballon in einen grünen. (Mit dem stumpfen Ende eines Bleistifts kannst du etwas nachhelfen.) Laß den Ballonhals des roten Ballons noch etwa 1 cm herausschauen. Damit du am Ende nicht beide Luftballone gleichzeitig durchstichst, muß der rote innere beim Aufblasen etwas kleiner bleiben als der äußere. Am besten erreichst du dies so: Du schiebst den roten Ballonhals soweit zur Seite, bis die Öffnung des grünen Ballons groß genug ist, daß du ihn aufblasen kannst. Puste ihn nur ein kleines Stück auf. Jetzt nimm den Ballonhals des roten dazu und puste weiter. Beide Ballons dehnen sich jetzt gleichzeitig, und der innere Ballon wird kleiner bleiben als der äußere. Zuknoten und zur Kontrolle gegen das Licht halten!

Der Zauberer verdeckt in der Vorstellung die präparierten Ballone mit einem Tuch. Mit der Nadel wird nun durch das Tuch in den äußeren Ballon gestochen. Achtung: Nicht am Hals sondern auf der anderen Seite! Der grüne Ballon zerplatzt. Vergiß nicht, die Überreste schnell verschwinden zu lassen! Jetzt nimmst du das Tuch ab und zeigst den roten Ballon.

Um den roten Max unsichtbar werden zu lassen, stichst du jetzt in den roten Ballon. Er zerplatzt und versprüht Konfettiregen.

Zaubertrick Nr. 2:

Wie eine Nadel in einen Luftballon gestochen wird, ohne daß er zerplatzt

a) Die Nadel wird oben durch den Mittelpunkt des Ballons gestochen. Ballon nicht ganz aufblasen, so daß dort ein dunkler Punkt bleibt. Der Gummi hat sich an dieser Stelle nicht ganz ausgedehnt. Am unteren Ende, am Hals, ist es genauso.

Achtung: TAMÜ darüber blasen, damit der Zauber auch wirkt!

b) Die Nadel kann auch quer durch den Ballon gestochen werden. Hierbei werden rechts und links zwei Stellen mit Tesafilm markiert. Die Nadel wird durch diese Punkte gestochen. Der Tesafilm hält die Spannung und verhindert den Knall.

Zaubertrick Nr. 3:

Die schwebende Jungfrau

Eine große stabile Kiste wird in die Manege getragen. In der Kiste liegen ein großes Tuch und ein paar Schuhe, die an zwei Stäben (etwa 1 m lang) befestigt sind (Klebeband). Die Assistentin kniet sich in die Kiste und setzt sich auf ihre Fersen zurück. Dann legt sie den Kopf auf den Kistenrand. Der Assistent hilft ihr, die Füße an der anderen Seite auf den Rand der Kiste zu legen. Natürlich nicht die echten, sondern die mit den »Holzbeinen«. Magische Zauberformeln ertönen, und die Assistentin greift hinter dem Tuch zu den Stangen mit den Schuhen. Langsam und mit ausgestreckten Armen erhebt sie sich und ihre falschen Beine.

Achtung: Die Assistentin muß den Kopf in den Nacken legen und die Stäbe mit den Füßen wirklich gerade halten! Dann langsam wieder heruntersenken und beim Verlassen der Kiste die Schuhe dort liegenlassen.

Wie man eine brennende Kerze schlucken kann

Du brauchst dazu:

>Marzipanmasse
>Mandelsplitter
>Ein bißchen Öl

Und so wird's gemacht:

Forme aus Marzipanmasse eine Kerze, als Docht benutzt du einen Mandelsplitter, den du vorher in Öl getaucht hast.

Zünde nun den Mandelsplitter mit einem Feuerzeug an (aber bitte ganz vorsichtig!). Er brennt gerade lange genug, um die Zuschauer zu verblüffen. Bevor du die Kerze in den Mund steckst, hauch die Flamme vorsichtig aus. Natürlich ganz unauffällig.

Dann ißt du die »Kerze« auf, schneidest dabei ganz schreckliche Fratzen und fächelst dir, wegen der inneren Hitze, Luft zu. Du kannst auch ein Glas Wasser dazu trinken. Guten Appetit!

Der Trick mit dem Pfennig (Pfennigwanderung)

Das ist ein Kunststück, das entweder von einem Clown oder aber vom Zauberer gezeigt werden kann.

Man braucht dazu:
>   2 Tassen
>   3 Untertassen
>   2 Pfennige
>   1 Assistenten

Und so wird's gemacht:

Es werden zwei Tassen auf den Tisch gestellt, und zwar mit der Öffnung nach unten auf die Untertassen. Unter eine wird deutlich sichtbar ein Pfennig gelegt. Nach großer Ankündigung beherrschst du es, den Pfennig von einer Tasse in die andere wandern zu lassen, ohne die Tassen dabei zu berühren. Du verfolgst mit den Augen den imaginären Pfennig, der in der Luft ein paar Loopings dreht und schließlich durch ein deutlich hörbares Klirren in der anderen Tasse ankommt. Und noch mal zurück! Wieder ist das klirrende Geräusch zu hören. Der Pfennig ist zweifellos wieder auf der anderen Seite angekommen.

Ganz wichtig bei diesem Kunststück ist dein »Assistent«, denn er muß das klirrende Geräusch, das die Ankunft des Pfennigs unter der Tasse anzeigt, unbemerkt vom Publikum, mit einem zweiten Pfennig und der dritten Untertasse erzeugen. Je mehr Brimborium du um diesen Trick machst, destoweniger konzentriert sich das Publikum auf den Assistenten.

Natürlich kannst du auch den berühmten TAMÜ zum Gelingen des Tricks über die Tassen blasen.

Ohne Clowns geht gar nichts!

Man braucht dazu:
>   2 Kinder (die Clowns)
>   Kostüme nach deiner Wahl
>   (am besten Sachen, die zu groß oder zu klein sind,
>   am allerbesten mit großem Muster)
>   2 Gumminasen
>   weiße, rote und schwarze Schminke,
>   um Clownsgesichter zu schminken
>   evtl. 2 Hüte oder aber auch lustige Perücken
>   (kann man auch selber machen,
>   z. B. durch eine alte Badekappe Wollfäden ziehen)

Weitere Zutaten ergeben sich aus den einzelnen Clown-Nummern. Betrachte diese Anleitungen als Vorschläge, sicher fällt dir auch noch viel Lustiges ein.

Die Clowns tauchen in den einzelnen Nummern verschiedentlich auf. Sie kündigen ihre sensationelle Feuershow an, bei der sie in hohem Bogen eine Menge Streichhölzer in die Luft pusten. In eine brennende Fackel wird dabei sogenannte »Brennflüssigkeit« gespuckt, aber an der Stelle der zu erwartenden Stichflamme breitet sich ein Nieselregen aus 100%igem Wasser über die Zuschauer aus. Feuerschlucken können die Clowns natürlich auch. Hierbei vertilgen sie eine brennende Kerze vor den Augen der Zuschauer, ohne einen Krümel übrig zu lassen (siehe Feuerschlucker).

Oder aber: Nach der Tiernummer muß die Manege erst einmal gesäubert werden. Eine Aufgabe für die Clowns, die einen Besen in der Hand balancieren, auf dem sich oben ein Tablett mit Wischeimer, Putzlappen und einer Flasche Scheuermilch befindet. Unsicher balancieren sie das Ganze durch die Manege in Richtung Zuschauer, und natürlich können sie die anstrengende Balance plötzlich nicht mehr halten. Die Zuschauer schreien auf, aber… Die ganze Ladung kommt zwar bedrohlich nah, erreicht sie jedoch nicht, und das hat seinen Grund.

In einer anderen Nummer entfacht ein Streit um ein Einrad. (Statt dessen ist z. B. auch ein kleines Kinderfahrrad zu verwenden.) Der eine Clown will darum wetten, daß er nicht nur radfahren, sondern zugleich einen Tischtennisball auf der Nase balancieren kann. Der andere ist der Meinung, es sei vom Schrottplatz entwendet und von ihm höchstpersönlich zu einer Drehorgel umfunktioniert worden. – Sattel auf den Boden, Rad nach oben und an den Pedalen drehen. Dazu ein Liedchen trällern.

Dann kommt die Wette aber doch zustande: »Wetten, daß ich auf diesem Rad einen Tischtennisball auf der Nase balancieren kann?« Für die Zuschauer unsichtbar, wird ein selbstklebender Tennisball präpariert (Klebeband, beidseitig klebend) und läßt sich so mit Leichtigkeit auf der Nase balancieren.

Die Clowns können sich aber auch gegenseitig Scherzfragen stellen oder Witze erzählen. (Witzbücher oder solche, in denen Scherzfragen stehen, gibt es in Hülle und Fülle). Denke daran: Manche Witze kann man auch mit verteilten Rollen spielen – und schon entsteht (wenn der richtige Witz gefunden wurde) eine kleine Clown-Nummer.

Na dann: **Viel Spaß!**

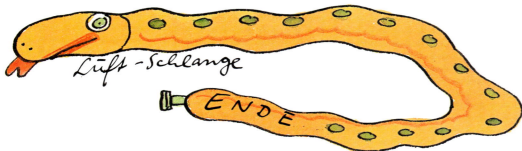